W0297530

Inhalt

Der Sommer ist da

Sommerabenteuer

Sommerplätze

Sommerfeste

Vorwort

Endlich Sommer! Sonnenschein vom blauen Himmel, watteweiche Wolken wie hingetupft, warme Luft an nackten Armen und Beinen, sattes Grün und leuchtende Blütenpracht überall. Es duftet nach Sommerblüten, frisch gemähtem Gras und würzigen Kräutern. Bunte Schmetterlinge gaukeln über die Wiese und die Luft ist erfüllt vom Summen, Brummen und Zirpen unzähliger Insekten. Reifes, saftiges Obst und knackiges Gemüse schmecken jetzt am besten.

Der Sommer lockt uns ins Freie. In luftiger Kleidung und mit nackten Füßen genießen wir Sommerfreuden. Wir fahren mit dem Fahrrad, wandern durch den kühlen, schattigen Wald, faulenzen im Liegestuhl oder in der Hängematte und essen leckeres Eis. Wir fahren ins Blaue oder Grüne zum Picknicken. Wir gehen schwimmen und freuen uns an heißen Tagen über die erfrischende Kühle des Wassers. Die Tage sind lang und es wird erst spät dunkel. Wir sitzen draußen, spielen zusammen, grillen, laden Freunde ein und feiern miteinander Feste.

Der Sommer schenkt uns freie Zeit – Zeit für Ferien und Urlaub. Dabei gehen wir auf Entdeckungsreise: Am Meer warten Wind, Wellen und herrlicher Sandstrand, in den Bergen locken bunte Almwiesen und hohe Berge, viele zieht es in die Ferne, wo es fremde Länder und Menschen zu entdecken gibt.

Mit den Geschichten, Spielen und Bastelanregungen in diesem Buch nehmen wir Sie, liebe Leserinnen und Leser, mit auf eine sommerliche Erlebnisreise. Wir begegnen Lurchi, der Eidechse, tauchen mit dem Nautilus ins tiefe Meer, unternehmen mit den Flussindianern eine fröhliche Kanufahrt, besuchen die Kräuterhexe Lavendula in ihrem Garten, schwimmen mit dem Wasserteufel um die Wette, feiern mit den Sandflöhen eine lustige Sandkastenparty ... und erleben noch viele andere Sommerabenteuer.

Tauchen Sie mit Ihren Kindern ein in den Zauber des Sommers. Folgen Sie mit offenen Augen und Ohren seinen Spuren und entdecken Sie dabei eine farbenfrohe, beschwingte, unverwechselbare Jahreszeit.

Sonnengeschichten

Der Sonnenwagen

Eine alte Sage erzählt folgende Sonnengeschichte: Vor sehr langer Zeit wurde die Sonne jeden Tag von Himmelspferden in einem Wagen über den Himmel gezogen. Der Lenker des Sonnenwagens hieß Helios. Am Morgen trieb er seine Pferde über den weiten Himmelsweg und sorgte dafür, dass die Sonne nicht vom Sonnenwagen hinunter auf die Erde rutschte, sonst wäre die Erde verbrannt. Am Abend fiel Helios erschöpft ins Bett und schlief tief und fest bis zum nächsten Morgen.

Die Kinder bauen eine unebene Himmelslandschaft aus z. B. Matratzen, Wackelbrettern, Balancierstangen, Eierkartons, Turnmatten mit unterlegten Tennisbällen usw. Sie bekommen immer zu zweit einen „Sonnenball" und versuchen ihn auf zwei Stäben oder Stöcken sicher über den selbst gebauten, wackligen Himmelspfad zu tragen.

Sonnen-Handpuppe

Man braucht:
- Filz
- 2 Perlen
- Wolle
- Klebstoff
- Farben

Zwei Kreise aus gelbem Filz ausschneiden. Gelbe Wollfäden entlang der Kanten kleben. Beide Kreise aufeinander kleben. Unten eine Öffnung für den Zeigefinger lassen. Der Sonne Perlenaugen aufkleben und einen Mund aufmalen. Wer mit der Sonne spielen will, kann seine Hand anmalen und die Sonne auf den Finger stecken.

Wo ist der Sonnenball?

Helios ist in aller Frühe, noch vor dem ersten Hahnenschrei, aufgestanden. Er muss die Sonne für seine tägliche Reise über den Himmel auf den Wagen laden. Doch – o Schreck! Er kann sie nirgends finden. Die Himmelspferde wissen, wo sich die Sonne versteckt hat, und helfen Helios bei der Suche.

Ein Kind spielt den suchenden Helios. Es geht kurz vor die Tür und der „Sonnenball" wird versteckt. Helios wird hereingerufen und beginnt zu suchen. Die anderen Kinder spielen die Pferde. Sie wiehern lauter, wenn Helios sich der Sonne im Versteck nähert, und leiser, wenn er sich wieder vom Sonnenversteck entfernt.

Sonnenwagen

Man braucht:

- Klorolle
- Schere
- Pappe
- Schachtel
- Farben
- Wollfäden
- 2 Holzstäbchen
- Styroporkugel

Aus Pappe den Pferdekopf und vier Beine ausschneiden und an die Klorolle kleben. Alles anmalen und trocknen lassen. Mähne und Schweif ankleben. Zwei Kreise aus Pappe ausschneiden, anmalen und an der Schachtel feststecken. Die gelb angemalte Styroporkugel in den Wagen legen. Zwei Holzstäbchen seitlich in den Wagen stecken und mit Bindfaden am Pferd befestigen.

Warm und heiß

Eidechsensommer

Die Eidechse Lurchi liebt den Sommer. Gerne liegt sie auf warmen Steinen und lässt sich die Sonnenstrahlen auf den Rücken scheinen.

Die Kinder legen sich in Bauchlage auf den Boden. Sie stellen sich vor, dass sie Eidechsen sind, die in der Sonne dösen und sich entspannen:

„Stellt euch vor, es ist ein schöner Sommertag. Ihr liegt auf einem warmen, glatten Stein. Vom blauen Himmel schickt die Sonne ihre Strahlen. Die Strahlen wärmen euren Rücken.

Die Wärme wandert über eure Beine und eure Waden bis zu euren Fußsohlen. Es kribbelt ein bisschen. Die Sonnenstrahlen wandern auch über eure Arme und Hände bis in die Fingerspitzen. Ihr fühlt euch ruhig und entspannt. Ihr genießt die Wärme und Ruhe noch einen Augenblick.

Dann räkelt ihr euch, schüttelt eure Arme und Beine leicht aus und kommt in den Fersensitz. Ihr reibt eure Augen und atmet einmal tief ein und wieder aus."

Eidechsen und Schlangen

Man braucht: • Knete • große Steine

Aus Knete Eidechsen und Schlangen formen und auf großen Steinen dekorieren. Man kann die Tiere auch aus Modelliermasse formen und in der Sonne trocknen lassen.

Gewitter

Die Eidechsen sind unruhig. Am Himmel braut sich ein Gewitter zusammen. Nicht mehr lange, dann springen die Blitzhexe und der Donnermann über den dunklen Himmel!

Ein Kind spielt die Blitzhexe und hält einen Streifen Silberfolie in der Hand, ein anderes Kind spielt den Donnermann mit einer Handtrommel. Am Rande des Spielfeldes stehen Stühle, einer weniger, als Kinder mitspielen. Alle Kinder sind Eidechsen und hocken im Spielfeld verteilt auf dem Boden. Sie dösen in der Sonne. Plötzlich bricht ein Gewitter los. Die Blitzhexe springt ins Spielfeld. Sie wedelt mit der Silberfolie herum, die zischt und knistert wie ein Blitz. Der Donnermann springt mit lautem Getrommel über das Spielfeld. Alle Eidechsen verkriechen sich unter den Stühlen. Wer keinen Stuhl findet, scheidet aus und ein Stuhl wird weggenommen.

Sonnenhut

Man braucht:

- 1 Luftballon
- Tonkarton
- angerührten Kleister
- Messer
- Seidenpapier
- Krepppapier

Den Luftballon aufpusten und zuknoten. Das Seidenpapier in Streifen reißen, mit Kleister bestreichen und in mehreren Schichten um den Ballon kleben. Den Ballon gut trocknen lassen. Aus einem großen Bogen Tonkarton eine Hutkrempe ausschneiden. Den getrockneten Ballon in zwei Hälften schneiden und die Hutkrempe an eine der Hälften kleben. Aus der zweiten Hälfte kann man einen zweiten Sonnenhut basteln. Den Hut mit Bändern und Blumen aus Krepppapier schmücken.

Sonnenblumenmärchen

Einst wuchs eine kleine gelbe Blume im Schatten einer alten Steinmauer. Sie war so schüchtern, dass sie immer nur die Mauer anschaute. Deshalb wurde sie von allen „Mauerblümchen" genannt. Sie hatte sich noch nie selber gesehen und glaubte, sie sei hässlich wie die schwarze Nachthexe. Das machte sie sehr traurig. Eines Tages geschah es, dass die Steinmauer abgerissen wurde. Mauerblümchen wusste nicht mehr, wo sie hinschauen sollte, und knickte ihr Köpfchen mutlos nach unten. Da fiel ein Sonnenstrahl auf die Erde und berührte Mauerblümchen. Neugierig hob sie ihr Köpfchen und sah die strahlende Sonne am Himmel zum ersten Mal. Sie musste blinzeln, so geblendet war sie. Auf einmal fühlte sie sich stark und kräftig und begann ein wenig zu wachsen. Die Sonne hatte Mauerblümchen beobachtet und rief: „Schau mich an, kleine Blume. Ja, du bist gemeint. Ich möchte dein Gesicht sehen." Mauerblümchen flüsterte erschrocken: „Nein, lieber nicht. Ich bin hässlich wie die Nachthexe." Die Sonne antwortete sanft: „Deine Blüte ist wunderschön gelb. Wie schön werden deine Augen sein? Komm, schau mich an!" Mauerblümchen wagte erneut einen Blick zum Himmel. Da fühlte sie sich noch kräftiger und wuchs der Sonne ein großes Stück entgegen. Die Sonne klatschte Beifall und rief zum dritten Mal: „Schau in meinen goldenen Spiegel hinein!" Mauerblümchen sah in den Sonnenspiegel hinein. Da erblickte sie ihr strahlendes Sonnenblumengesicht und lachte. Die Sonne gab ihrer liebsten Blumenfreundin den schönen Namen: Sonnenblume.

Wer wird Sonnenblumenkönig?

Im Frühsommer sät jedes Kind, das bei diesem Wettbewerb mitmachen möchte, in einem Topf Sonnenblumen aus. Die Töpfe werden mit Namen versehen. Welche Blume wächst am höchsten? Der Sieger bekommt einen Orden aus einer echten oder gebastelten Sonnenblumenblüte, die auf ein schönes Band geklebt und mit einer Sicherheitsnadel angeheftet wird.

Sonnenblumentanz

Die Sonnenblume wollte nie mehr im Schatten stehen. Seit diesem Tag tanzt sie, immer wenn die Sonne scheint, einen Sonnenblumentanz.

Die Kinder basteln Sonnenblumenmasken und tanzen mit ihren Masken einen Sonnenblumentanz. Das erste Kind beginnt den Tanz in der Kreismitte zunächst allein. Es hält eine gebastelte Sonne in der Hand und gibt sie an ein Kind weiter. Die Sonne wird so lange weitergereicht, bis alle Sonnenblumen im Sonnenschein tanzen.

Sonnenblumen-Maske

Man braucht:
- 1 Holzstab
- Cutter
- 1 Perle
- 1 Pappteller
- Klebstoff
- 1 Tannenzapfen
- Farben und Pinsel
- Krepppapier

Den Pappteller und den Holzstab anmalen. Aus dem gelben Krepppapier viele Blütenblätter ausschneiden und rings um den Pappteller kleben. Mit dem Cutter Augenschlitze in den Pappteller schneiden. Einen Tannenzapfen zwischen den Händen zerreiben und die Krümel in die Mitte des Tellers kleben. Man kann auch Sonnenblumenkerne nehmen. Dann den Holzstab von hinten an den Teller kleben. Eine Perlennase und einen Mund aus Tonpapier in das Blumengesicht kleben. Zum Spielen den Holzstab so halten, dass die Blume das Gesicht verdeckt, aber so, dass man durch die Augenschlitze sehen kann.

Sommergenüsse

Fruchtige Sprüche

Frau Kirsche vom Baum
ist süß wie ein Traum,
ist rot wie Blut,
sie schmeckt mir so gut!

Fünf üble Schurken
aßen grüne Gurken,
geschnibbelt in Salaten
mit roten Tomaten.
Noch Schnittlauch dazu
und raus bist du!

Eine süße Himbeere
hatte die Ehre
im Sahnekuchen
einen Platz zu suchen.
Da ist Lisa gekommen,
hat ein Stück Kuchen genommen,
hat an der Sahne geschleckt:
war die Himbeere weg!

Kirschkernschlucker

Man braucht:

- 1 großes Stück Pappe
- 1 Stück Versandrolle
- Farben und Pinsel
- Messer
- Klebeband

Auf die Pappe die Umrisse der Figur zeichnen und ausschneiden. In der Mitte, dort, wo die Schnauze sein soll, ein großes Loch ausschneiden, dass das Stück Versandrolle hineinpasst. Nun das Tier mit rosa Farbe bemalen. Wie der Kirschkernschlucker von hinten abgestützt ist, sieht man auf der Zeichnung. Zwei Pappstreifen werden mit Klebestreifen als Stützen fixiert.

Buntes Pflückspiel

Im Sommersonnenschein sind viele Obst- und Gemüsesorten reif geworden. Sie müssen gepflückt werden.

In einem Spielfeld werden farbige Pappkreise verteilt. Sie stellen die unterschiedlichen Obst- und Gemüsesorten dar: Hellgrün ist z. B. der Salat, Rot sind die Kirschen, Gelb die Pfirsiche, Blau die Pflaumen usw. Alle Kinder stellen sich am Spielfeldrand auf. Ein Kind gibt das Kommando. Es ruft, welches Obst oder Gemüse gepflückt werden soll und auf welche Weise, z. B. grüner Salat auf allen vieren! Die Kinder tragen die entsprechende Farbe zum Spielfeldrand und legen sie dort in eine Kiste. Das Spiel endet, wenn alles Obst und Gemüse geerntet ist.

Marktstand und Bärenverkäufer

Man braucht:

- 1 Eierkarton
- Pappe
- 2 Holzstäbchen
- Tonpapier
- 2 Klorollen
- Farben
- 2 Streichholzschachteln
- Klebstoff

Den Eierkarton anmalen und den Deckel mit den Holzstäbchen hochstecken. Die Verkäufer werden so gebastelt: Aus Tonkarton zwei Bärenköpfe ausschneiden. Die Klorollen mit Buntpapier bekleben und oben die Köpfe ankleben. Arme ausschneiden und seitlich an die Bären kleben. Die inneren Schachteln der Streichholzschachteln zwischen die Bärenarme kleben und mit Früchten füllen. Ebenso den Obststand mit Beeren füllen.

Sommerfundstücke

Steinboccia

Zwischen den Kieseln am Flussufer leben die Steinkobolde. Der Koboldkönig hat heute Geburtstag. Er bekommt viele schöne Steine geschenkt. Damit spielen alle zusammen Steinbocchia.

Jedes Kind sucht sich etwa fünf Spielsteine und markiert sie mit einer Farbe oder einem Zeichen (das geht am besten mit wasserfestem Filzstift). Dann finden sich die Kinder in Gruppen von drei bis fünf Kindern zusammen. Jede Gruppe braucht noch einen gold bemalten Startstein, den Königsstein. Zu Beginn wird dieser Stein vom ersten Spieler ins Spielfeld gekullert. Alle anderen versuchen dann der Reihe nach möglichst viele ihrer Spielsteine in seine Nähe zu schubsen. Dabei dürfen die Steine der anderen Mitspieler auch weggeschubst werden. Gewonnen hat, wer die meisten Steine in der Nähe des Königssteins platzieren konnte.

König der Steine

Man braucht:

- Pappe
- Steine
- Klebstoff
- Farben und Pinsel
- Tonpapier und Goldfolie

Auf die Pappe einen Hintergrund malen. Nach dem Trocknen Palme, Mond oder andere Motive aus Tonpapier ausschneiden und aufkleben. Dann die Steine für den König aussuchen, bemalen und aufkleben. Eine Krone aus Goldfolie ausschneiden und über dem Kopf des Königs festkleben.

Steine baggern

Der Koboldkönig wünscht sich zu seinem Geburtstag eine neue Steineburg. Die Steinkobolde strengen sich mächtig an, ihrem König diesen Wunsch zu erfüllen.

In einer Wanne liegen ca. 60 Steine in verschiedenen Formen und Größen. Die Kinder bilden zwei Mannschaften, sie setzen sich in einer langen Reihe nebeneinander auf den Boden. Jedes Kind hält einen Löffel in der Hand. Dann beginnt das Steinebaggern. Die ersten Kinder jeder Mannschaft baggern mit ihrem Löffel einen Stein aus der Schüssel und geben ihn an ihren Nachbarn weiter. Der reicht ihn mit dem Löffel an das nächste Kind, bis der Stein am Ende der Reihe angelangt ist. Dort werden die Steine zu einer Burg aufgeschichtet. Das erste Kind baggert ununterbrochen, es muss nicht warten, bis der Stein am Ziel angekommen ist. Gewonnen hat die Mannschaft, die nach drei Minuten die größte Burg aufgeschichtet hat.

Steinburg

Man braucht:

- Modelliermasse, die an der Luft trocknet
- Farben und Pinsel
- Steine
- farbigen Karton oder Pappe
- Tonpapier
- Klebstoff

Aus der Modelliermasse oder aus angerührtem Gips, der schon etwas angetrocknet ist, eine Burg direkt auf den Untergrund aus Pappe modellieren. Dann die Steine in die Burg drücken. Alles an der Luft trocknen lassen. Eine Tür aus Tonpapier ausschneiden und auf die Burg kleben.

Sommerkonzert

Bim-bam-bommel

Hermine, das kleine grüne Heupferd, möchte nicht immer nur zirpen. Gerne würde sie einmal so richtig Krach machen und trommeln. In der Nacht vor dem Sommerkonzert hat Hermine einen wunderbaren Traum: Eine gute Fee hat ihr eine Trommel geschenkt, auf der trommelt sie nun nach Herzenslust und ruft dazu:

Bim-bam-bommel,
Hermine schlägt die Trommel,
macht fürchterlichen Krach,
macht alle Tiere wach,
kein Gezirpe, nur bum-bum,
Hermine stapft im Kreis herum.

Ein Kind spielt Hermine. Es hält eine Trommel in der Hand und schlägt einen bestimmten Rhythmus. Alle anderen Kinder klatschen, stampfen oder spielen mit selbst gebastelten Trommeln den Rhythmus nach und bewegen sich in einer langen Reihe hinter Hermine her.

Trommel

Man braucht:

- großen Pappbehälter
- 2 Holzstäbchen
- Wattekugeln
- Buntpapier
- Klebstoff
- Folie
- Filz
- Schnur

Den Pappbehälter mit Buntpapier bekleben, die Folie straff über die Öffnung ziehen, mit Schnur umwickeln und fest verknoten. Auf jedes Holzstäbchen eine Wattekugel stecken, mit Filz umwickeln.

Hüpfertanz

Hermine kann gar nicht genug vom Trommeln bekommen. Alle Heupferdchenfreunde auf der Wiese kommen neugierig angehüpft und tanzen zum Getrommel einen lustigen Hüpfertanz.

Die Kinder malen sich gegenseitig mit Wasserfarbe lustige Gesichter auf Zehen und Fußsohlen. Sie legen sich nebeneinander auf den Boden und legen ihre Waden auf eine Bank. Zum Getrommel machen die Kinder mit ihren Füßen einen Hüpfertanz. Die Kinder können ihren Füßen auch die Stimme leihen und zum Getrommel sprechen oder singen.

Zupfbrett

Man braucht:
- Gummibänder
- Hammer
- Holzbrett
- Nägel

In das Brett auf zwei gegenüberliegenden Seiten Nägel einschlagen und mit Gummibändern umspannen. Mit den Fingern leicht an den Bändern zupfen.

Perlenstab

Man braucht:
- Holzstab
- Perlen
- Schnur

Die Schnur an den Holzstab knoten und einige Perlen auffädeln. Einen Knoten in das Fadenende machen. Es gibt ein schönes Geräusch, wenn man mit dem Perlenstab über die Trommel streicht.

Auf dem Bauernhof

Auf dem Bauernhof ist's lustig

(Melodie: Eine Seefahrt, die ist lustig)

1. Auf dem Bauernhof ist's lustig, auf dem Bauernhof ist's schön,
denn da kann man viele Tiere in den Ställen stehen seh'n.
Hollahi, hollaho ...

2. Dreißig Kühe und zwei Pferde, Ziegen, Schafe und ein Schwein,
alle brauchen frisches Futter, sonst beginnen sie zu schrei'n.
Hollahi, hollaho ...

3. Auch die Kälbchen hört man muhen, denn ihr Durst ist riesengroß.
Wann gibt es denn Milch zu trinken, ja, wo bleibt die Mutter bloß?
Hollahi, hollaho ...

4. Hahn und Henne scharren eifrig, picken hier und picken da,
klettern abends auf die Stange mit der ganzen Hühnerschar.
Hollahi, hollaho ...

5. Und auf einmal wird es leise, auch der Bauer kann jetzt ruh'n,
denn am nächsten Morgen muss er schon ganz früh im Stall was tun!
Hoillahi, hollaho ...

Kühe treiben

Es ist Abend geworden und die Kühe müssen zum Melken zurück in den Stall gebracht werden.

Die Kinder spielen Bauer und Bäuerin. Jeder bekommt einen Holzkochlöffel und einen aufgepusteten Luftballon. Auf den Ballon wird mit Filzstift ein Kuhgesicht aufgemalt. Über eine Strecke, die vorher festgelegt worden ist, treiben die Kinder ihre Kuh mit dem Kochlöffel vorwärts in den Stall. Welche Kuh ist die störrischste und braucht am längsten bis zum Stall?

Schwein

Man braucht:

- Pappe
- Farben
- Cutter
- Knopf
- Klebstoff

Aus Pappe ein Schwein ausschneiden und rosa anmalen. Einen dicken Knopf als Schnauze und einen Ringelschwanz aus Papier ankleben .

Spar-Kuh

Man braucht:

- Schachteln
- Cutter
- Farben
- Pappe
- Glocke
- Band

Eine rechteckige und eine quadratische Schachtel als Kopf und Bauch zusammenkleben. Aus Pappe vier Beine ausschneiden und an die Kuh kleben. Hörner, Ohren und Euter aus Pappe ankleben. Die Kuh bemalen. Oben in den Körper einen Schlitz einschneiden. Dort kann man Münzen hineinstecken. Der Kuh eine Glocke umbinden.

Mit dem Kanu unterwegs

Kanus transportieren

Die Flussindianer machen einen Ausflug zu ihren Freunden, den Urwaldindianern. Alle Kanus stehen voll bepackt bereit und müssen nur noch zum Fluss getragen werden.

Die Kinder bilden zwei Mannschaften. Jede Mannschaft bekommt einen großen Karton, er stellt das Kanu dar. Immer zwei Kinder tragen das Kanu über eine festgelegte Strecke. Dabei sind folgende Aufgaben zu erfüllen:

- Das Kanu wird durch einen Sumpf getragen: Die Kinder laufen mit dem Kanu über eine wabbelige Luftmatratze.
- Es regnet: Die Kinder tragen ihr Kanu umgedreht über dem Kopf, damit kein Wasser hineinläuft.
- Der Weg zum Fluss ist unwegsam: Die Kinder klettern mit dem Kanu über kleine Hindernisse.
- Endlich liegt das Kanu im Wasser: Die Kinder stellen den Karton auf eine Decke, setzen sich hinein und lassen sich von zwei anderen Kindern ihrer Mannschaft ins Ziel ziehen.

Indianer mit Rindenboot

Man braucht:
- 2 Korken
- Filz
- Klebstoff
- Filzstifte
- Holzstäbchen
- Rinde
- Streichhölzer

Die Korken werden mit Filzstückchen beklebt. Dabei wird ein Stück Korken für das Gesicht freigelassen. Das Gesicht mit Filzstiften aufmalen. Seitlich je zwei Streichhölzer als Arme ankleben. Aus Rinde das Boot basteln. Dazu ein Stück bemalten Filz auf ein langes Holzstäbchen stecken und mit dem unteren Ende in die Rinde stecken. Die Indianer auf das Boot stellen und auf einem Teich schwimmen lassen.

Enten an Land!

Beim Kanufahren haben die Flussindianer eine Entenmama mit ihren Jungen gesehen. So leise wie möglich versuchen die Indianer ans Ufer zu gelangen, ohne die Entenmutter zu stören.

Alle Kinder stellen sich im Kreis auf und halten zu ihrem Nachbarn mit ausgebreiteten Armen Abstand. Sie spielen Enten und schließen ihre Augen. In der Kreismitte steht ein weiteres Kind. Es ist ein Flussindianer. Leise schleicht er los und versucht, zwischen zwei Kindern einen Weg aus dem Kreis zu finden, ohne dass er gehört wird. Hört eines der Kinder den Indianer, sagt es laut „Quak!“ und der Indianer versucht noch einmal ungehört aus dem Kreis zu schleichen. Schafft er es, werden die Rollen gewechselt.

Entenfamilie

Man braucht:

- Korken
- Klebstoff
- Messer
- Papier
- Filzstifte

Auf Papier die Enten aufzeichnen und dann ausschneiden. Die Korken mit dem Messer der Länge nach halbieren. Die Korken mit der flachen Seite auf den Tisch legen und mit dem Messer oben einen langen Schlitz schneiden. Dort werden die Enten hineingesteckt. Mit Klebstoff fixieren und nach dem Trocknen schwimmen lassen.

Wandern und Klettern

Bergsteigen

Bergführer Toni ist mit einer Gruppe Bergsteiger unterwegs. Sie wandern am Seil auf schmalen Wegen über tiefe Schluchten, Geröllfelder und Schnee hinauf zum Gipfel.

Ein Kind spielt den Bergführer Toni, drei bis fünf andere Kinder sind die Bergsteiger. Der Bergführer geht voran, seine Wandergruppe hält sich mit einer Hand am Seil fest. Gemeinsam überqueren sie nun einen vorher festgelegten Parcours: Sie klettern am Seil „gesichert" hintereinander über einen Felsenvorsprung – einen Kasten –, balancieren über eine tiefe Schlucht – eine Turnbank –, kriechen durch eine Felsspalte – einen Kriechtunnel – und erklimmen schließlich den Gipfel – eine Turnbank, die an der Sprossenwand eingehängt wird. Nach dem Abstieg vom Gipfel ist das nächste Kind Bergführer und sucht sich eine Bergsteigergruppe aus.

Bergpanorama

Man braucht:

- Schuhkartondeckel
- Farben
- Knete
- Wellpappe
- Klebstoff
- Tonpapier
- Steine

In den Kartondeckel einen Himmel malen. Aus Wellpappe Berge, aus Tonpapier Wiesen und Tannen ausschneiden und in den Deckel kleben. Passende Steine für die Steinböcke aussuchen, bemalen und aufkleben. Aus Knete Hörner und Beine formen und an die Steine kleben.

Pfeifende Murmeltiere

Die Bergsteiger haben ein Rudel Murmeltiere aufgeschreckt. Sofort warnen sie ihre Artgenossen mit schrillen Pfiffen.

Die Kinder bilden vier Murmeltierfamilien. Am Spielfeldrand liegen vier Reifen. Sie sind der schützende Bau. Ein Kind bekommt eine Trillerpfeife für den Warnpfiff. Alle Murmeltiere laufen durch das Spielfeld, bis der Warnpfiff ertönt. Blitzschnell rennen sie zum Bau ihrer Familie. Die Familie, die zuerst komplett im Bau versammelt ist, bekommt einen Punkt.

Kletterclown

Man braucht:

- Pappe
- Farben
- Draht
- Stoffreste
- Klebstoff
- Bindfaden
- Filz
- 3 Holzringe
- 3 Filzstifte

Aus Pappe einen Clown ausschneiden. Ein Clownsgesicht aufmalen und eine Perlennase ankleben. Die Figur mit Filz oder Stoffresten bekleben. An den Händen die Holzringe mit Draht befestigen. In die Mitte einer langen Schnur den dritten Holzring festknoten. Nun eine Schnurhälfte durch den linken Holzring, die andere durch den rechten Holzring führen. Den oberen Ring in einen Baum hängen und den Clown klettern lassen, indem man die Schnüre weit auseinander zieht.

Geheimnisvolle Unterwasserwelt

Nautilus

Mit dem U-Boot Nautilus geht es hinab in die Tiefen des Meeres. Eine abenteuerliche Reise in die Unterwasserwelt beginnt.

Die Kinder besteigen eine mit Muscheln und Fischen verzierte Matte oder Decke. Sie erleben von dort aus eine Spielreise in eine geheimnisvolle Welt:

- Der Nautilus taucht mit lautem Blubbern und Gurgeln in die Tiefe – die Kinder erzeugen Blubbergeräusche mit einem Trinkhalm in einem Wasserglas.
- Die Kinder entdecken viele Seepferdchen, die in kleinen Gruppen einen Sonnenglitzertanz aufführen. Die Kinder tanzen zu einer schönen Wassermusik.
- Eine Delfinfamilie schwimmt munter durch das Wasser. Sie schlüpfen durch die Löcher im Korallenriff hindurch – mal vorwärts, rückwärts, mit einem Purzelbaum usw. Die Kinder versuchen auf verschiedene Bewegungsarten durch aufgestellte Reifen zu schlüpfen.
- Bunte Doktorfische bitten den Nautilus um Mithilfe. Die Fische haben ihre Familien aus den Augen verloren. Viele bunte Fische (bunte Spielsteine) liegen auf dem Boden verstreut. Die Kinder werden in Farbgruppen aufgeteilt und sortieren in einem Wettspiel die bunten Fische nach Farben.

Seltene Fische

Man braucht:
- festes Papier
- Wachsmalkreiden
- Klebstoff
- Glitzersteinchen

Die Fische auf das Papier aufmalen, ausschneiden und mit mehreren Schichten Wachsmalkreide von beiden Seiten bemalen. Glitzersteinchen aufkleben und nach dem Trocknen des Klebstoffs in einer Schüssel mit Wasser schwimmen lassen. Wenn die Fische geschwommen sind, kann man sie herausnehmen, trocknen und wieder schwimmen lassen.

Perlentaucher

Zwischen den Korallen hängen wunderschöne Muscheln mit einer glitzernden Perle. Die Perlentaucher tauchen in die Tiefe...

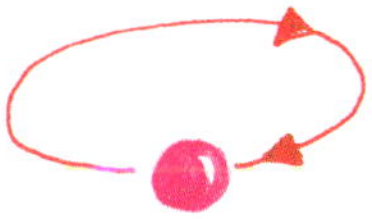

Ein Kind steht in der Kreismitte, es ist der Perlentaucher. Die anderen Kinder sitzen im Kreis und halten eine lange Schnur mit einer aufgefädelten Perle in den Händen. Die Perle wird nun so unauffällig wie möglich an der Schnur weitergeschoben. Glaubt der Perlentaucher zu wissen, in welcher Muschelhand sich die Perle gerade befindet, ruft er laut: „Stopp!“ Hat er die richtige Hand gefunden, tauschen beide ihre Rollen.

Perlenfisch

Man braucht:
- 1 Stück Styropor
- Farben
- Perlen
- Klebstoff oder Stecknadeln

Styropor anmalen, die Umrisse eines Fisches aufzeichnen und mit Perlen bekleben oder die Perlen feststecken.

Muschelbild

Man braucht:
- Muscheln
- Tonkarton
- Klebstoff
- Farben

Zuerst die Muscheln für das Motiv aussuchen und auf den Tisch legen. Auf Tonkarton einen Hintergrund malen, dann die Muscheln darauf kleben. Auf diese Weise kann man auch ein großes Muschelbild mit vielen verschiedenen Motiven kleben.

Nachtwanderung

Eulen in der Nacht

Eulen fliegen beinahe geräuschlos durch die Nacht. Sie tauchen plötzlich und unerwartet auf und haben schon manchem Nachtwanderer einen Schrecken eingejagt.

Ein Kind spielt die Eule. Es bekommt ein Paar reflektierende Eulenaugen aus Glitzer- oder Alufolie an die Kleidung geheftet. Nun versteckt es sich, ohne von den anderen Kindern gesehen zu werden entweder bei Dunkelheit im Garten oder in einem abgedunkelten Raum. Hat es ein gutes Eulenversteck gefunden, wartet es leise, ohne sich zu bewegen auf die anderen Kinder, die mit Taschenlampen ausgerüstet eine Wanderung machen. Wer die blitzenden Eulenaugen als Erster im Versteck entdeckt hat, ist in der nächsten Runde die Eule.

Eulenlaterne

Man braucht:
- kleine Milchtüte
- Cutter
- Klebstoff
- Teelicht
- Buntpapier
- Farben
- Draht

Von der Milchtüte oben die Spitze abschneiden, gut mit Wasser ausspülen und dann trocknen lassen. In der Zwischenzeit Papier in Streifen reißen. Seitlich in die Milchtüte Flügel einschneiden und nach vorne klappen. Nun die Eule anmalen und dann die Papierschnipsel als Federn aufkleben. Die Augen ausschneiden und mit gelbem Transparentpapier hinterkleben. Oben durch den Kopf der Eule einen Drahtbügel ziehen. Ein Teelicht in die Eule stellen und in der Dämmerung anzünden.

Glühwürmchentanz

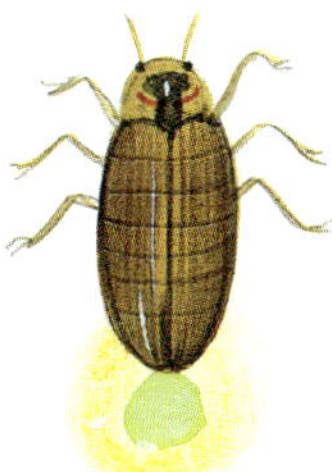

Auf einer Nachtwanderung in den Sommermonaten Juni bis August können die Glühwürmchen im Wald bei ihrem zauberhaften Nachttänzchen beobachtet werden. Einige Leuchtkäferpaare haben ihre eigene „Leuchtsprache", mit der sie sich anblinken und immer wiederfinden.

Die Kinder halten eine Taschenlampe in der Hand und bekommen ins Ohr geflüstert, wie sie gleich im Spiel mit ihrer Taschenlampe blinken sollen. Immer zwei Kinder blinken im gleichen Rhythmus: schnelles An-Aus, langsames An-Aus oder einen runden Lichtkreis. Sechs Kinder legen sich nun mit dem Rücken auf den Boden und leuchten mit ihren Taschenlampen an die Zimmerdecke. Sie beginnen ihren Glühwürmchentanz und versuchen, ihren Leuchtpartner, der die gleiche „Leuchtsprache" blinkt, zu finden. Haben sich alle drei Glühwürmchenpaare gefunden, versuchen die nächsten Glühwürmchen ihr Glück.

Eulen-Maske

Man braucht: • Tonkarton (DIN A2) • Klebstoff • Holzstab

Das Papier aus verschiedenen Grautönen in lange Streifen reißen. Aus dem Tonkarton einen Eulenkopf ausschneiden und Augen und einen Schnabel aus Papier aufkleben. Unten am Kopf die langen Papierstreifen ankleben. Hinten an die Eule einen Stab kleben, an dem man die Eule tragen kann.

Im Baumhaus

Traumreise

Hoch oben in einer alten Buche haben das Eichhörnchen Nicki und das Wiesel Wolli ein verlassenes Baumhaus entdeckt. Im warmen Sommerwind sitzen sie gerne dort oben, schauen den Wolken zu und träumen verrückte Sommerträume.

Die Kinder setzen sich im Kreis zur Traumreise zusammen. Ein Kind beginnt und sagt z. B.: „Wenn ich im Baumhaus sitze, träume ich von grasgrünen Giraffen." Das nächste Kind wiederholt den verrückten Traum und fügt einen neuen hinzu, z. B.: „Wenn ich im Baumhaus sitze, träume ich von grasgrünen Giraffen und rosaroten Wattewolken." So wird die Traumreise immer länger und länger.

Baumhaus für Zwerge

Man braucht:

- kleinen Pappkarton
- Bindfaden
- Tonpapier
- Zweige
- Korken
- Klebstoff
- Krepppapier

Aus dem kleinen Pappkarton ein Haus basteln und von außen mit Zweigen bekleben. Aus Zweigen und langen Bindfäden eine Leiter zusammenknoten. Zwei Korken mit Mützen und Kleidern aus Krepppapier bekleben und ein Gesicht aufmalen. Die Zwerge in das Baumhaus stellen. Dann einen schönen Platz in einem Baum für das Zwergen-Baumhaus suchen.

Wettklettern

Wenn Nicki und Wolli genug geträumt haben, spielen sie gerne Wettklettern. Wer als erster von unten ins Baumhaus geklettert ist, bekommt einen von den leckeren Zapfen oder Nüssen, die Nicki für das Abendessen gesammelt hat.

Das Wettklettern wird mit zwei Mannschaften gespielt. Aus einem Korb am Boden nehmen sich die Kinder eine Leckerei, z. B. eine Nuss. Nacheinander klettern sie an einer Sprossenwand oder an einem Klettergerüst hinauf und bringen ihre Leckerei in einen weiteren Korb, der oben aufgehängt wird. Welche Mannschaft hat als erste all ihre Leckereien ins Baumhaus gebracht?

Kletterleiter zum Baumhaus

Man braucht:

- Pappe
- Cutter
- Schnur
- Stopfnadel
- Farben
- kleine Wäscheklammern

Aus der Pappe mit dem Cutter ein Haus ausschneiden. Ebenfalls aus der Pappe viele gleich große Sprossen für die Leiter ausschneiden. Zwei Schnüre im Abstand der Sprossenbreite auf den Tisch legen und die Sprossen daraufkleben. Die Leiter mit Hilfe der Stopfnadel an dem Haus befestigen. Auf festes Papier das Wiesel Wolli und das Eichhörnchen Nicki malen, ausschneiden und auf die Klammern kleben. Die Tiere an der Leiter festklammern. Wer mag, kann ein Würfelspiel mit den Figuren spielen. Die gewürfelte Anzahl der Augen darf auf der Leiter emporgeklettert werden. Wer ist zuerst im Baumhaus?

Im Schwimmbad

Wasserteufel

Der Wasserteufel lebt schon seit Jahren alleine im Schwimmbadbecken. Im Sommer taucht er aus dem Wasser auf und hält Ausschau nach einer Frau.

Ein Kind ist der Wasserteufel. Es steht im flachen Teil des Schwimmbads im Wasser und hält einen Eimer mit Softbällen in der Hand. Die anderen Kinder springen um den Wasserteufel herum. Sie rufen: „Wasserteufel, wie tief ist dein Wasser?“ Der Wasserteufel ruft: „Hundert Meter tief!“ Die Kinder rufen: „Wann kommst du herauf?“ Der Wasserteufel antwortet: „Wenn ihr auf einem Bein hüpft!“, oder: „Wenn ihr rückwärts geht!“ usw. Die Kinder tun, was der Wasserteufel sagt, und dabei versucht er, sie mit den Softbällen abzutreffen. Das erste abgetroffene Kind wird seine Teufelsfrau und jedes weitere abgetroffene Kind ein Wasserteufelkind. Sie alle helfen beim Abwerfen. Sicher wird der Wasserteufel schon sehr bald mit einer großen Wasserteufelfamilie im Schwimmbad leben.

Wasserteufel

Man braucht:

- Korkstücke rund und eckig
- rotes Moosgummi
- wasserfeste Farben
- Pfeifenreiniger
- Klebstoff
- 1 Zahnstocher
- Perlen

Die Korkstücke mit roter Farbe anmalen und trocknen lassen. Das runde Stück Kork mit dem Zahnstocher in das rechteckige Stück stecken. Aus Moosgummi Arme ausschneiden und am Körper festkleben. Den Pfeifenreiniger als Schwanz feststecken. Dem Teufel noch eine lange Nase aus Papier und Augen aus Perlen ankleben.

Floß ahoi!

Die Wasserteufelkinder streiten sich mit den Schwimmbadbesuchern um ihre Wasserbälle und bringen sie auf ihrem Floß in Sicherheit.

Es werden zwei Mannschaften gebildet und für jede Mannschaft schwimmt eine aufgeblasene Luftmatratze oder ein kleines Schlauchboot als „Floß" auf dem Wasser. Die Kindermannschaften stellen sich im Wasser in einer langen Reihe einander gegenüber auf. Hinter ihnen befindet sich ihr „Floß". Vor ihnen schwimmen viele Wasserbälle. Auf ein Startkommando versuchen die Kinder beider Mannschaften, viele Wasserbälle so schnell wie möglich auf ihrem „Floß" in Sicherheit zu bringen. Wenn alle Bälle auf den Flößen liegen, wird ausgezählt. Die Mannschaft mit den meisten Bällen gewinnt.

Kleines Schwimmbecken

Man braucht:
- Deckel vom Schuhkarton
- Farben und Pinsel
- festes Zeichenpapier
- Klebstoff

Zuerst wird der Deckel mit blauer Farbe angemalt. Auf das Zeichenpapier zeichnet man Figuren, die in dem Schwimmbecken später „schwimmen" sollen. Die Figuren anmalen und nach dem Trocknen ausschneiden. Unten einen kleinen Steg umknicken, mit Klebstoff bestreichen und die Figuren in das Schwimmbecken kleben.

Am See

Nixenfangen

Auf dem See schwimmt ein großer Seerosenteppich. In den gelben und weißen Blüten wohnen viele kleine Nixen. Die kleinste von ihnen heißt Lea. Sie besitzt eine wunderschöne Zaubermuschel, die der Kobold Pick so gerne haben möchte.

Ein Kind ist die Nixe Lea, ein anderes ist Kobold Pick. Pick will Lea mit der Zaubermuschel fangen. Alle anderen Nixenkinder halten zusammen und versuchen das zu verhindern. Dazu laufen sie immer in der Nähe von Lea umher. Sobald Lea in Gefahr gerät, die Zaubermuschel zu verlieren, gibt sie die Muschel schnell einem anderen Kind. Das übernimmt dann die Rolle der gejagten kleinen Nixe. Gelingt es Pick, die Nixe Lea zu fangen, bevor sie die Muschel weitergeben kann, beginnt eine neue Spielrunde und die Rollen werden neu verteilt.

Seerosen

Man braucht:
- 1 großes Blatt
- Blüten mit Stiel
- Schale mit Wasser

Aus großen Blättern und schönen Blüten lassen sich sehr gut „falsche“ Seerosen basteln. Die Blüten steckt man mit dem Stiel mitten durch die Blätter und lässt sie anschließend in einer Schale mit Wasser oder auf einem Teich schwimmen.

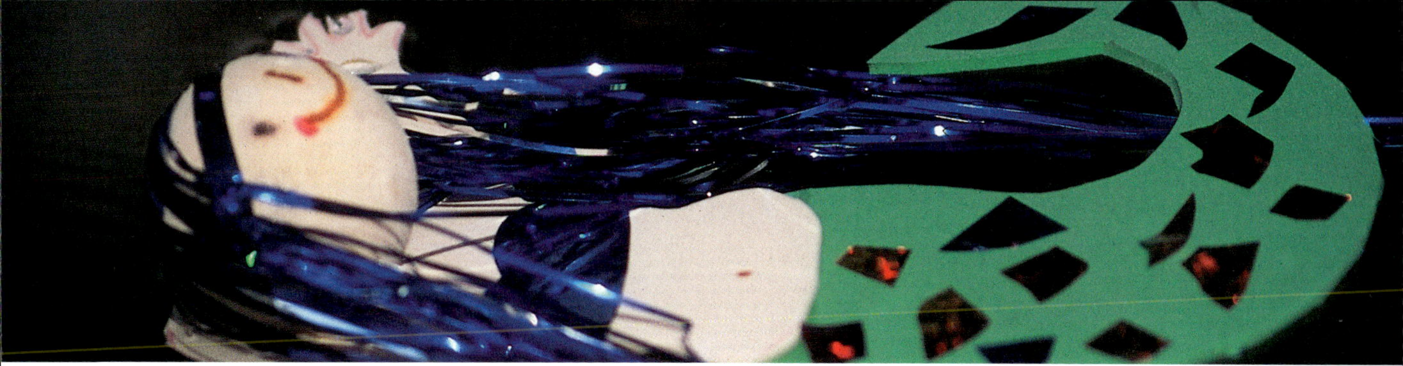

Nixengold suchen

Schon seit vielen Jahren wird im Seerosenteich die Geschichte vom Nixengold erzählt. Auf dem Grunde des Sees soll ein Goldschatz verborgen liegen. Lea möchte zu gerne ein kleines Stückchen vom Nixengold finden.

Die Kinder bilden Paare und setzen sich auf dem Boden einander gegenüber. Jedes Kind hat vor sich eine Schüssel mit Sand und Wasser stehen, in der drei Goldstücke versteckt sind. Wer zuerst das Nixengold im Schlamm gefunden hat, ist Sieger.

Nixe

Man braucht:

- Moosgummi
- Lametta
- Pailletten
- Klebstoff
- wasserfeste Farbe
- Wattekugel

Auf das Moosgummi die Umrisse der Nixe aufmalen. Das hautfarbene Moosgummi für den Kopf, Arme und Bauch benutzen, das grüne für den Schwanz. Die Teile ausschneiden und Schwanz und Körper zusammenkleben. Der Wattekugel ein Gesicht aufmalen und oben auf die Figur kleben. Haare aus Lametta ankleben und auf den Schwanz die Pailletten kleben. Dann die Nixe in einem Wasserbecken oder auf einem Teich schwimmen lassen.

Im Garten: Blaue Stunde

Blauer Zauber

Zur blauen Stunde treffen sich Rosi Rittersporn und Gundi Glockenblume im Garten, um gemütlich im Schatten der Bäume ein blaues Zauberstündchen zu verbringen.

Im Garten steht ein Korb mit blauen Zaubergegenständen: blaue Steine, Tücher, Bälle, blaue gebastelte Blumen, blaue Murmeln, blaue Wolle, Stoffstreifen und Bänder. Die Kinder spielen Rosi Rittersporn und Gundi Glockenblume und verbreiten im Garten blauen Zauber. Dazu schmücken sie verschiedene Stellen mit den blauen Gegenständen, bis überall im Garten blaue Zauberecken schimmern.

Königin der Nacht

Man braucht:

- Wattekugel
- Flasche
- Farben
- Klebstoff
- Holzstäbchen
- blaues Krepppapier
- Pfeifenreiniger
- 2 kleine Geburtstagskerzen

Der Wattekugel ein Gesicht aufmalen, ein Holzstäbchen hineinstecken und in den Flaschenhals stecken. Krepppapier zuschneiden, unterhalb des Kopfes um den Flaschenhals wickeln und festkleben. Um den Kopf ein Kopftuch aus Krepppapier binden. Den Pfeifenreiniger um den Flaschenhals wickeln. An den Enden jeweils eine kleine Kerze befestigen. In der blauen Stunde die Kerze anzünden.

Blau oder Grün?

Vertolino, ein Zwerg aus dem Reich des Grünen, hat sich zur blauen Stunde in den Garten von Rosi und Gundi geschlichen. Dort versucht er jetzt, den blauen Zauber zu vertreiben, indem er überall grüne Dinge verteilt.

Auf der Wiese stehen zwei Körbe: In einem liegen blaue Stoffstücke, im anderen grüne. Die Kinder bilden Paare. Ein Kind läuft los und verteilt, ohne dass sein Partner es sehen kann, die blauen Stoffstücke auf der Wiese. Anschließend sucht das andere Kind, Vertolino, auf der Wiese nach den blauen Stoffstücken und deckt sie mit seinen grünen Stoffstücken zu. Gelingt es ihm, alles Blau zu finden und mit Grün zuzudecken?

Melonen-Maske

Man braucht:
- Wassermelone
- Blüten
- Teelichter
- Messer
- Stecknadeln

Die Melone in der Mitte durchschneiden und aushöhlen. Augen, Nase und Mund mit dem Messer ausschneiden. Blüten als Haare an den Melonenkopf mit Stecknadeln befestigen. Die Melonen-Maske an einem Zweig in einem Baum aufhängen. Eventuell oben noch einen Bindfaden durch die Maske ziehen. In der Dämmerung mit Teelichtern beleuchten.

Sommerwiese

Gras rupfen

Jedes Jahr helfen die Wiesenheinzel dem Bauern bei der Heuernte. Sie rupfen Gras für die Tiere auf dem Bauernhof.

Die Kinder spielen Wiesenheinzel. Sie probieren verschiedene Möglichkeiten aus, wie sie Gras rupfen und transportieren können, z. B.

- mit den Händen: Nur mit links, nur mit rechts oder mit beiden Händen rupfen sie Gras und stopfen so viel sie können in einen Eimer;
- mit den Füßen: Die Kinder versuchen, mit nackten Zehen Gras auszurupfen und es mit den Füßen in den Eimer zu stecken;
- mit dem Gras füllen sie einen Korb und tragen ihn auf dem Kopf;
- zu zweit balancieren die Kinder einen Graskorb auf ihren Händen;
- ein Kind spielt einen Esel, der einen mit Gras gefüllten Korb auf dem Rücken über einen Weg trägt usw.

Wiesenblumenkranz

Man braucht:
- Wiesenblumen
- Blumendraht oder Bindfaden

Wiesenblumen pflücken und so zusammenlegen, dass die Blumenköpfe hintereinander in einer Reihe liegen. Immer wieder mit Blumendraht oder Bindfaden umwickeln. Hat man auf diese Weise eine gewisse Länge erreicht, die Blumenreihe zu einem Kranz schließen und die Enden fest umwickeln. Zu lange Stiele mit der Schere abschneiden. Auf diese Weise kann man auch einen Blumenkranz als Kopfschmuck herstellen.

Heukitzeln

Alle Kinder stehen im Kreis und strecken ihre Handflächen nach hinten aus. Ein anderes Kind geht um den Kreis herum. Es hat ein Heubüschel in der Hand, mit dem es verschiedene Kinder kitzelt, ehe es das Bündel hinter einem Kind fallen lässt und dabei ruft: „Heu, Heu!“ Das entsprechende Kind nimmt das Heubündel in die Hand und versucht, den Rufer zu fangen und ihn mit dem Heubündel zu kitzeln. Gelingt ihm das, bevor dieser den leeren Platz im Kreis erreicht hat, beginnt eine neue Spielrunde.

Mohnpüppchen

Man braucht:
- Wattekugeln
- Filzstifte
- Nadel und Faden
- Mohn- und andere Blüten

Die Mohnblumen müssen sehr vorsichtig behandelt werden, denn sie welken schnell. Die einzelnen Blüten zum Stiel herunterklappen, sodass sie wie ein Kleid aussehen. Der Wattekugel ein Gesicht aufmalen, mit der Nadel einen Faden durchziehen und an dem Mohnkleid festnähen.

Mohnblüten-Schmetterling

Man braucht:
- Mohnblüten
- Tonpapier
- Klebefolie

Die Mohnblüten werden gepresst. Aus der Klebefolie schneidet man ein Stück so zu, dass die Blüten gut darauf passen. Aus Tonpapier schneidet man einen Schmetterlingskörper und einen Kopf zu. Man zieht von der Klebefolie die Schutzfolie ab und klebt die Teile und zwei Blüten darauf. Eine zweite Folie darüber kleben und ringsherum die überstehende Folie abschneiden.

Am Strand

Ferienträume

Der Luftgeist Liliental schwebt durch die Lüfte. An diesem heißen Sommertag ist er für eine kleine Pause auf einer Luftmatratze gelandet, hat sich auf den Wasserwellen schaukeln lassen und ist eingeschlafen. Er träumt einen schönen Ferientraum.

Immer ein Kind legt sich als Luftgeist Liliental mit geschlossenen Augen auf eine aufgeblasene Luftmatratze und bekommt z. B. eine Sandschaufel, eine Taucherbrille, eine Muschel, einen Seestern, einen Plastikfisch, Badelatschen, einen Fotoapparat, ein Fernglas usw. auf den Bauch gelegt. Es versucht, mit den Händen seinen „Ferientraum“ durch Tasten zu erraten.

Traumstrand

Man braucht:

- Pappe
- Farben
- Murmeln
- Sand oder Mehl
- Reste von Ytong-Steinen
- Strunk einer Ananas
- Muscheln

Die Pappe bemalen und trocknen lassen. Die Steine und den Ananasstrunk daraufstellen. Fenster und Türen auf die Gebäude malen. Sand oder Mehl darum herum streuen. Muscheln und Murmeln in den Sand legen. Kleine Fähnchen in die Gebäude stecken und träumen.

Luftmatratze

Der Luftgeist Liliental ist sehr neugierig. Beim Aufblasen ist er in das Innere einer Luftmatratze hineingepustet worden. Er sieht die Luftmatratze immer dicker werden und ist froh, als er beim Öffnen des Ventils wieder an die frische Luft geschleudert wird.

In diesem Partnerspiel legt sich ein Kind auf den Rücken und stellt eine Luftmatratze dar, die gerade mit Luft gefüllt wird. Das Partnerkind kniet sich neben das liegende Kind und pumpt durch Pustegeräusche die Luftmatratze auf – es befühlt dazu immer einen Körperteil mit der Hand. Das Kind am Boden versucht, diesen Körperteil anzuspannen: zuerst den rechten Arm, den linken Arm, den Bauch, das rechte Bein, das linke Bein. Wenn die Luftmatratze mit Luft prallvoll ist, öffnet das Kind das Ventil, indem es auf den kleinen Finger des liegenden Kindes drückt. Die Anspannung löst sich, die „Matratze" wird wieder weich. Beide Kinder erzeugen mit der Stimme laute Zischgeräusche, wenn die Luft mit dem Luftgeist Liliental plötzlich entweicht.

Luftgeist

Man braucht:
- luftgepolstertes Verpackungsmaterial
- Tacker
- Folienschreiber

Das Verpackungsmaterial mit dem Tacker zu einer Figur zusammenheften. Mit dem Folienschreiber ein Gesicht aufmalen und den Luftgeist in einen Baum hängen oder ihn durch die Luft wirbeln lassen.

Im Hafen

Rätsel

Im Wasser fühl' ich mich zu Haus',
ich fahre in die Welt hinaus.
Ich spiele Fangen mit dem Wind,
bis wir angekommen sind.
Ich schwimme, ich schaukle, ich gleite,
so wie der Wind es mag.
Auf hohen Wellen ich reite
auf und ab im Wellentrab.
Nun frag ich dich am Uferrand,
hast du meinen Namen erkannt?
(Segelschiff)

Segelboot mit Kapitän

Man braucht:
- dreieckiges Holzstück
- Holzstäbchen
- Streichholzschachtel
- Buntpapier
- Klebstoff
- wasserfeste Farbe
- Holzbohrer

Das Holzstück mit wasserfester Farbe anmalen. Aus Buntpapier ein Segel ausschneiden und um das Holzstäbchen kleben. Mit dem Holzbohrer ein Loch in das Holzstück bohren, darin das Holzstäbchen mit dem Segel festkleben. Für den Kapitän das Innere einer Streichholzschachtel ein Stück herausschieben und ein Gesicht darauf malen. Den Rest der Schachtel mit Buntpapier bekleben oder anmalen. Ein Papierhütchen falten und dem Kapitän aufsetzen. Dann den Kapitän auf dem Boot festkleben, bevor es auf große Fahrt geht.

Fische fangen

Der Fischer Kai fährt jeden Tag auf seinem Fischkutter mit seiner Mannschaft hinaus auf das Meer und fängt Fische. Wenn sie mit vollen Netzen in den Hafen zurückkehren, verladen Kai und seine Freunde die Fische schnell in Körbe, um sie fangfrisch zu verkaufen. Wenn viele Boote gleichzeitig im Hafen ankommen, versuchen alle, mit ihren Fischen als Erste am Verkaufsstand zu sein. Da kann es vorkommen, dass die Fische in aller Eile durch die Luft geschleudert werden.

Die Kinder bilden Mannschaften. Jede Mannschaft teilt sich in Werfer und Fänger auf. Die Werfer schleudern gebastelte Pappfische von einem Bettlaken in die Luft, die Fänger stehen mit einem Korb daneben und versuchen die Fische zu fangen. Landen die Fische auf dem Boden, werden sie wieder zurückgeworfen und müssen erneut geschleudert werden. Welche Mannschaft hat als Erste zehn Fische erfolgreich in ihren Korb geschleudert?

Milchtüten-Boote

Man braucht:

- kleine leere Milchtüten
- Strohhalme
- Tonpapier
- Schachteln und Klorollen
- Watte
- Klebstoff
- Cutter
- Knete

Die Milchtüten gut ausspülen und trocknen lassen. Für die Segelboote jeweils ein Seitenteil mit dem Cutter sauber heraustrennen. Für den Dampfer die Milchtüte komplett lassen und zusätzlich mit Schachteln bekleben. Die Boote anmalen. Segel aus Tonpapier ausschneiden, auf Strohhalme stecken und mit Knete in den Milchtüten festkleben.

Sandkastenparty

Sandflöhe

Die Sandflöhe wollen eine lustige Sandkasten-Sommerparty feiern und laden alle begeisterten Sandkastenbuddler, Sandkuchenbäcker und Sandburgenbauer in ihren Sandkasten ein. Die Sandflöhe haben sich allerlei Sandkastenspiele, Rätsel und sandige Erlebnisse für Hände und Füße ausgedacht. Sie wollen ihre Gäste mit leckerem Sandkuchen verwöhnen und verschicken an jeden Partygast eine sandige Einladungskarte:

Einladungskarte

Man braucht:

- festes Papier
- Folie
- Sand
- Farben
- Stempelkasten
- Klebestreifen

Aus Papier eine Karte zuschneiden und einen Hintergrund malen. Einen Einladungstext darauf schreiben oder stempeln. Die Karte mit Folie überziehen und an drei Seiten an den Rändern mit Klebestreifen zukleben. Etwas Sand in die Karte füllen und dann die vierte Seite zukleben. Zum Lesen der Einladung muss man den Sand etwas hin und her schütteln.

Spurenraten

Die Sandflöhe haben seltsame Spuren in den Sand gehüpft und laden alle Besucher zu einem lustigen Ratespiel ein.

Für dieses Spiel werden Schuhkartons mit Sand gefüllt. Die Sandflöhe haben z. B. eine Sonne, eine Blume, einen Schmetterling, eine Schnecke oder einen Stern in den Sand gehüpft. Die Rätselkartons werden zum Spurenraten in Abständen von zwei Metern hinter einer Startlinie aufgestellt. Die Mitspieler versuchen herauszufinden, um welche Spurenmuster es sich handelt. Wer sich alle Spuren im Sand merken konnte und alle richtig errät, erhält einen Preis.

Windmühlen im Sand

Man braucht:
- Haushaltsrollen
- weißes und farbiges Papier
- Stecknadeln
- Klebstoff
- Holzperlen

Die Rollen mit weißem Papier bekleben. Für die Dächer Dreiviertelkreise ausschneiden und an den geraden Kanten zusammenkleben. Die Dächer auf die Rollen kleben. Quadrate aus farbigem Papier ausschneiden. Von den vier Ecken aus zur Mitte hin diagonal einschneiden. Dann die Papierspitzen zur Mitte hin falten und mit einer Stecknadel befestigen. Von hinten eine kleine Holzperlen auf die Stecknadel schieben, die Nadel in die Rolle stecken und von innen eine Holzperle auf die Stecknadelspitze stecken. Eventuell kleben, damit sie nicht abrutscht.

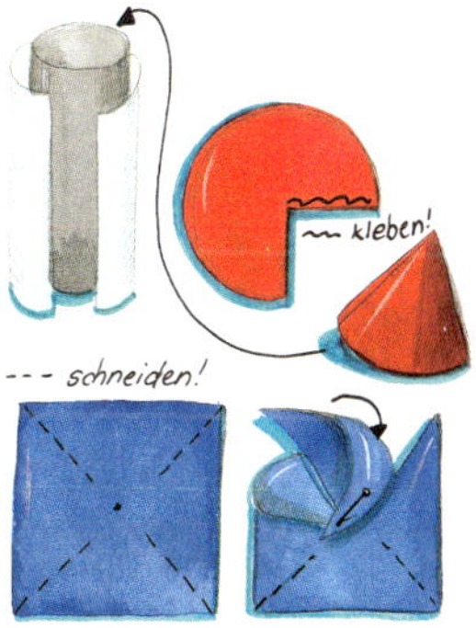

Sandige Sommerspiele

Sandstaffel

Die Sandstaffel beginnt am Sandkasten und es werden zwei Mannschaften gebildet. Für jede Mannschaft wird vor dem Sandkasten ein Hindernisparcours aufgebaut, z. B. eine Reihe mit aufgestellten Kegeln, eine Wackelfläche, Äste zum Übersteigen usw. Nach dem Startkommando versuchen alle Mannschaftsteilnehmer nacheinander so schnell wie möglich eine Schaufel Sand um die Hindernisse herum zu transportieren und den Sand am Ende der Strecke in einem Eimer zu sammeln. Wenn alle Mannschaftsmitglieder ihre Schaufel Sand zum Eimer getragen haben, wird die Sandausbeute am Ende der Staffel gewogen oder in einem Messbecher gemessen und die Siegermannschaft ermittelt.

Schätze im Sand

Die Sandflöhe haben Sommerferien. Sie liegen faul in der Sonne und haben keine Lust zu arbeiten und nach Schätzen zu graben.

In einer Wanne mit Sand sind Schätze (z. B. Münzen) vergraben. Die Sandflöhe belohnen jeden Schatzgräber, der mit den Händen oder mit Schaufel und Sieb sieben Münzen für die Sandflöhe ausgräbt, mit einem kleinen Preis.

Sandriesen

Die Sandflöhe bekommen Besuch von den Sandriesen.

In diesem Wettspiel treten immer mehrere Spielerpaare gegeneinander an. Auf ein Startkommando malt ein Mitspieler den Körperumriss seines Partners mit Kreide auf den Boden. Nun haben beide die Aufgabe, den Umriss mit Sand zu füllen und glatt zu streichen. Der Sandriese auf dem Boden erhält zum Schluss noch zwei Steinchenaugen und sobald ein Sandriese komplett auf dem Boden liegt, ist das Spiel zu Ende. Die Sieger erhalten einen Preis.

Kipplaster

Man braucht:

- 2 Schuhkartons
- 6 Bierdeckel
- 1 kleinere Schachtel
- Pappe (ca. 50 x 30 cm)
- Alufolie
- 16 Perlen
- 8 Zahnstocher
- Farben

Einen Schuhkarton und den Deckel vom zweiten Karton auf die Pappe kleben. Dort, wo die Räder sitzen sollen, jeweils einen Zahnstocher durchstecken und von innen eine Perle daraufkleben. Den kleineren Karton als Führerhaus aufkleben. Alles bemalen und trocknen lassen. Nun den zweiten Karton in den Deckel stellen, an beiden Seiten Zahnstocher durchstecken und innen jeweils eine Perle aufkleben. Durch jeden Bierdeckel in der Mitte ein Loch stechen und auf die Zahnstocher stecken. Auf die Zahnstocherenden wieder Perlen stecken oder Radkappen aus Alufolie aufkleben.

Wassermannfest

Wasserspritzer

Der Wassermannopa Wilhelm feiert seinen 100. Geburtstag und hat hundert große und kleine Wassermänner in seinen Waldweiher eingeladen. Im Sommersonnenschein feiern sie ein fröhliches Wasserfest.

Auf dem Grunde des Waldweihers haben die kleinen Wassermänner einen alten Handschuh gefunden. Überall hat er Löcher, aus denen das Wasser tropft und spritzt. Gemeinsam spielen sie mit dem Handschuh ein erfrischendes Wurfspiel.

Alle Kinder stellen sich im Kreis auf und werfen sich einen Gummihandschuh zu. In den Handschuh wurden mit einer dicken Nadel viele Löcher gestochen, ehe er mit Wasser gefüllt und verknotet wurde. Die Kinder denken sich lustige Wurftechniken aus, z. B. durch die geöffneten Beine werfen, rückwärts über die Schulter werfen oder schnell im Kreis herumgeben.

Kleine Wassermänner

Man braucht:

- Korken
- Holzstäbchen
- Schrauben
- Wattekugeln
- Goldfolie
- Stoffreste
- Muscheln
- Klebstoff
- Moosgummi

Korken und Wattekugeln mit möglichst wasserfester Farbe anmalen und mit Holzstäbchen zusammenstecken. Arme aus Moosgummi ankleben und die Figuren fantasievoll mit Stoffresten, z. B. mit Tüll, bekleben. Kronen, Wollhaare oder Muscheln auf die Köpfe kleben. Will man die Wassermänner schwimmen lassen, muss man Schrauben unten in die Korken drehen und außerdem Steine mit einem Bindfaden an die Schrauben binden. Am besten vor dem Basteln an einem Korken ausprobieren.

Raus oder rein?

Auf den Boden wird mit Kreide ein großer Kreis aufgezeichnet, sodass alle Kinder um ihn herum stehen können. In der Kreismitte steht ein Kind, der Wassermannopa Wilhelm, und ruft verschiedene Kommandos:

- In den Waldweiher! Alle Kinder springen in den Kreis hinein.
- Ans Ufer! Alle Kinder springen hinaus.
- Halb und Halb! Alle Kinder stehen mit einem Fuß im Waldweiher und mit dem anderen am Ufer.

Doch aufgepasst: Der Wassermannopa kann auch falsche Kommandos geben, z. B. „Ins Meer!", „An den Strand!" oder „Unter Wasser!" Dann dürfen sich die Kinder nicht bewegen – auch dann nicht, wenn Opa Wilhelm eine Bewegung vormacht!

Wassermannopa Wilhelm

Man braucht:

- große Wattekugel
- Moosgummi
- Holzstäbchen
- Stein
- grüne Wolle
- Trinkbecher aus Pappe
- Folie
- Bindfaden
- Farben

Die Wattekugel und den Trinkbecher mit wasserfesten Farben anmalen. Durch den Becherboden das lange Holzstäbchen stecken und darauf die Wattekugel stecken. An das untere Ende des Holzstäbchens einen Bindfaden mit einem Stein knoten, damit der Opa auch schwimmen kann. Dreizack und Arme aus Moosgummi und einen Schwanz aus Folie ankleben. Wollhaare nicht vergessen.

Wassermanns nasse Spiele

Volle Pulle

Die Kinder stellen 12 bis 15 Plastikflaschen in einem Viereck oder Kreis auf. Eine der Flaschen wird zur Hälfte mit Wasser gefüllt. Nacheinander versuchen die Kinder nun, mit kleinen Wasserbomben die Flaschen so umzuwerfen, dass nur die mit Wasser gefüllte Flasche stehen bleibt. Wer ist der geschickteste Flaschenkegler? In der nächsten Spielrunde versuchen die Kinder, mit den Wasserbomben nur die gefüllte Flasche zu treffen.

Wasser-Abfahrtslauf

Auf einem schrägen Brett werden eine Start- und eine Ziellinie mit einem dicken Kreidestrich markiert. Die Kinder bilden nun Paare. Jeder Abfahrtsläufer bekommt einen Becher mit Wasser. Auf Kommando schütten immer zwei Kinder ihren Becher aus und verfolgen, welches Rinnsal als Erstes über die Ziellinie fließt. Die Sieger aus jedem Paar treten in einer neuen Spielrunde gegeneinander an.

König der Wassermänner

Man braucht:

- 1 Holzstückchen
- Gras oder Schilf
- Nagel
- Krepppapier
- Bindfaden
- Streichhölzer
- Glitzerfolie
- Klebstoff

Grashalme auf eine Länge zuschneiden und daraus ein Grasboot binden. Ein Holzstückchen suchen, das ein „Profil“ hat und wie eine kleine sitzende Figur aussieht. Dieses Holzstück mit Krepppapier bekleiden und mit einer Krone aus Glitzerpapier schmücken. Unten in das Holzstück einen Nagel stecken und diesen durch das Grasboot stecken, bis der König gut auf dem Boot sitzt. Streichholzarme ankleben und das Boot schwimmen lassen.

Wassermusik

Zu Opa Wilhelms Geburtstag hat sich auch ein Wassermannorchester eingefunden und möchte dem Geburtstagskind ein Ständchen bringen. Die Musiker spielen auf Wasserinstrumenten eine fröhliche, spritzige Wassermusik.

- Die Kinder füllen viele Wasserflaschen verschieden hoch mit Wasser. Über die Flaschenöffnung blasen sie nun kräftig hinweg und erzeugen so je nach Füllmenge unterschiedlich hohe Töne.
- Große Konservendosen werden zur Hälfte mit Wasser gefüllt. Mit einem Metalllöffel rühren die Kinder im Wasser herum. Es entstehen metallisch klappernde Wassertöne.
- Aus Sprühflaschen spritzen die Kinder in einem vorher überlegten Rhythmus gemeinsam Wasser in die Luft.

Libelle

Man braucht:

- Moosgummi
- Klebstoff
- Farben
- 6 lange Holzstäbchen
- Klarsichtfolie oder Tüll
- Wattekugel

Die Wattekugel in die Papprolle kleben und alles anmalen. Die 6 Holzstäbchen grün anmalen und als Beine in die Papprolle stecken. Folie und Tüll zuschneiden und als Flügel an die Papprolle kleben. Ein Blatt aus Moosgummi ausschneiden, die Libelle darauf stellen und schwimmen lassen.

Kräuterfest

Glückserbsen

Die Kräuterhexe Lavendula ist eine Kräuter- und Pflanzenzauberin. Sie lädt in ihren Kräutergarten ein und führt durch die Welt der Zauber- und Hexenpflanzen. In ihrer Zauberschachtel bewahrt Lavendula Glückserbsen auf, die uns ins Zauberland führen. Wer im Besitz einer Erbse ist, dem verleiht sie Glück und Hellsichtigkeit.

Ein Kind spielt Lavendula, die Kräuterhexe. Es hält die Zauberschachtel mit den Erbsen in der Hand und verteilt an jeden Festbesucher eine Erbse in einem kleinen Stoffbeutel. Besonders kostbar wirken goldgefärbte Erbsen.

Kräuterhexe

Man braucht:

- 1 Strauß Kamille
- 1 Strauß Lavendel
- lange Grashalme
- Kartoffel
- Stöckchen
- 2 Pailletten
- Möhre
- Bindfaden

Die Kartoffel auf ein langes Stöckchen stecken. Um dieses Stöckchen den Strauß mit der Kamille wickeln. Aus den langen Grashalmen Arme zusammenbinden. Die Arme mit einem Bindfaden unterhalb des Kopfes festbinden. Eine Möhrennase in die Kartoffel stecken. Zwei Pailletten mit Stecknadeln als Augen auf der Kartoffel befestigen. Der Hexe ein Kopftuch aus Krepppapier um den Kopf wickeln. Aus einem Stock und einem kleinen Strauß Lavendel einen Besen basteln und diesen am Arm der Hexe festbinden.

Süßeträumekissen

In Lavendulas Zaubergarten blüht blauer Lavendel und verbreitet einen traumhaften Duft.

Die Kinder ernten blühende Lavendelblüten und fertigen duftige Süßeträumekissen an. Dann bereiten sie ein Bett mit Lavendelkissen. Immer ein Kind legt sich für ein sinnliches Verwöhnspiel auf das Bett mit geschlossenen Augen. Das schlafende Kind wird mit einer Streichelmassage (z. B. einer Feder, einer weichen Bürste) verwöhnt und bekommt ein Schlaflied vorgesummt. Welche süßen Träume wurden auf dem Lavendelkissen geträumt?

Abra-Kabra-Katzenschwanz

Einst wollte Lavendula ihrem Kater Moritz, der seinen Schwanz verloren hatte, einen neuen Schwanz zaubern. Da wuchs Moritz tatsächlich ein Schwanz und genau an der Zauberstelle wuchs ein Gewächs aus der Erde, das einem Katzenschwanz glich. Lavendula nannte es Katzenschwanz. So nennt dieses Kraut auch der Volksmund. Weil es auf allen Wegen weiterwuchs, wird es auch Wegerich genannt. In Lavendulas Kräuterküche hilft Wegerich müden Füße oder wenn sich beim Laufen Blasen gebildet haben. Zerriebene Spitz- oder Breitwegerichblätter tun auch gut bei Insektenstichen.

Wegerich-Kater

Man braucht:

- Korken
- Farben
- 1 Perle
- Stecknadeln
- Wegerichblüte
- Papier
- Klebstoff

Den Korken anmalen und Ohren aus Papier ankleben. Eine Perlennase ankleben und die Wegerichblüte als Schwanz an den Kater kleben.

Heißa Hexenkräutertanz

Glückskleememory

Lavendula besitzt ein Glücksklee-Memoryspiel aus getrockneten Kleeblättern, das sie gerne mit ihrer Hexenfreundin Hilda spielt.

Für dieses Spiel werden einige dreiblättrige und zwei vierblättrige Kleeblätter benötigt, die einige Tage in einem dicken Buch gepresst werden, bevor sie auf Bilderkärtchen geklebt und mit einer Schutzfolie überzogen werden. Alle Karten werden wie beim Memoryspiel verdeckt auf dem Tisch verteilt und es werden von jedem Spieler immer zwei Kärtchen aufgedeckt und wieder umgedreht. Wer zuerst die beiden vierblättrigen Kärtchen aufgedeckt hat, ist Sieger im Glückskleememory.

Glücksklee-Karte

Man braucht:

- festes Papier
- Tonpapier
- Geschenkband
- Farben
- Kleeblatt
- Klebstoff
- selbst klebende Folie

Aus dem festen Papier eine Karte zuschneiden und einen Hintergrund daraufmalen. Aus rosafarbenem Tonpapier ein Schwein ausschneiden und auf die Karte kleben. Ein gepresstes Kleeblatt aufkleben. Dann die ganze Karte mit der Folie bekleben. Oben durch die Karte ein schönes Geschenkband ziehen.

Kräuterfeuer

Lavendula schützt ihr kleines Häuschen im Wald bei Gewitter gegen Blitzeinschlag mit Kräutern. Sie wirft dann einen Kräuterzweig mit dem folgenden Zauberspruch ins Herdfeuer hinein: Wide, wade Kräuterbrei, Gewitterblitze zieht vorbei!

Die Kinder stehen um einen Feuerkorb und versuchen, einen Kräuterzweig oder einen Ast von einem Holunder-, Hasel- oder Weidenbaum in den Feuerkorb zu werfen. Jeder hat fünf Versuche, für jeden Treffer gibt es einen Punkt.

Hexenkräutertanz

Lavendula lädt alle Festteilnehmer zum Hexentanz auf ihre grüne Wiese ein. Sie beginnt den Hexenbesentanz alleine und sucht sich während des Tanzes einen Tanzpartner aus. Ihm übergibt sie ihren Tanzbesen, an dem ein Kräuterbündel befestigt ist. Der Tänzer muss wieder eine neue Tanzpartnerin suchen und den Hexenbesen weitergeben, bis schließlich alle Zuschauer am Hexenbesen-Kräutertanz teilnehmen. Nach erfolgreicher Teilnahme am Besentanz bekommen alle verhexten Tänzerinnen und Tänzer den Hexenkräuterorden überreicht.

Hexenkräuterorden

Man braucht:
- festes Papier
- Farben
- Blätter
- Sicherheitsnadel
- Klebstoff

Aus dem Papier zwei Kreise ausschneiden und auf den einen Kreis ein Hexenporträt malen. Hinter das Porträt kreisförmig die Blätter kleben. Darauf von hinten den zweiten Kreis kleben. Ist der Klebstoff getrocknet, eine Sicherheitsnadel durch den Kreis stecken und den Orden am Pullover befestigen.

Räuberfest im Wald

Räuberbanden

Die Räuber Hinz und Kunz leben mit ihrer Räuberbande „Die schwarzen Hasen" im Wald. Sie laden alle befreundeten Räuberbanden zu einem Räuberfest in ihren Räuberwald ein: Die „Wilden Messerkerle", die „Schlauen Goldfüchse", die „Starken Stoppelbärte" und die „Spitzen Räuberhüte" haben sich zum Räuberfest bereits angekündigt. Welche Räuberbande gewinnt beim spannenden Räuberwettstreit?

Räubergelage

Zu einem richtigen Räubergelage im Wald gehört ein ordentliches Räuberfeuer. Die Räuberbanden versuchen herauszufinden, welche Mannschaft den höchsten Waldstapel für ein großes Räuberfeuer bauen kann. Dazu errichten alle Räuberbanden in einem Wettspiel einen Waldstapel aus Naturmaterialien. Auf ein Startkommando sammeln alle Kinder Stöcke, Rindenstücke, Zapfen, Zweige, Äste und stapeln sie zu einem Turm auf. Wer hat nach fünf Minuten den höchsten Waldstapel gebaut?

Räuber Hinz

Man braucht:
- 1 Holzstück mit „Nase"
- Knete
- Jute, Filz
- Bindfaden
- Klebstoff
- Webpelz oder Watte

Das Holzstück bekommt Augen, Nase und Mund aus Knete angeklebt. Aus Filz einen Hut ausschneiden und am Holzstück oben festkleben. Haare aus Webpelz oder Watte ankleben und einen Umhang aus Jute mit Bindfaden befestigen.

Holzkegeln

Ein kräftiges Stück Holz wird in diesem Kegelspiel an ein dickes Seil gebunden und so an einem stabilen Ast im Baum befestigt, dass der Holzklotz noch etwa 20 cm über dem Boden schwingen kann. In erreichbarer Nähe des schwingenden Holzes werden dünne Äste in den Waldboden gesteckt oder Tannenzapfen aufgestellt. Abwechselnd versuchen die Räuberbanden möglichst viele Äste oder Zapfen beim Holzkegeln zu treffen.

Kegelfiguren

Man braucht:
- Zapfen
- Knete
- Klebstoff
- Papier
- Goldpapier
- 1 Stück Pappe

Den Zapfen Augen und Münder aus Knete ankleben. Aus Papier Hütchen falten. Dem König eine Krone aus Goldpapier aufsetzen. Dann alle Zapfen-Kegel auf der Pappe aufstellen. Zum besseren Halt unter jeden Zapfen ein Stück Knete kleben.

Lustig ist das Räuberleben

Reisighockey

Ein Hockeyspielfeld mit jeweils einem Tor auf jeder Spielfeldseite wird mit einem Stock auf den Waldboden gezeichnet, die Eckpunkte des Feldes werden mit Steinen markiert. Zwei Räuberbanden finden sich auf den Spielfeldhälften ein und alle Räuber halten einen Tannenzweig als Hockeyschläger in den Händen. Beide Mannschaften versuchen, einen „Zapfenball" mit ihrem Tannenzweig ins gegnerische Tor zu schieben. Wenn ein Tor gefallen ist, bleibt die Siegermannschaft auf dem Feld und die nächste Räuberbande kommt auf das Spielfeld. Nun geht der Kampf um den „Zapfenball" weiter. Die Räuberbande, die kein Tor kassiert, gewinnt das Reisighockey.

Räuberburg im Wald

Man braucht:

- einen Baumstumpf
- Äpfel
- Knete
- Stöckchen
- Blumen
- Blätter

Man baut direkt vor einem Baumstumpf, den man noch mit Stöckchen und Fahnen weiter ausschmücken kann, die schönen Räuberdamen auf. Diese werden aus Äpfeln mit Stöckchen zusammengesteckt. Sie bekommen Hüte aus Blumen und Gesichter aus Knete. Sind die Figuren aufgestellt, kann man mit ihnen spielen. Vielleicht versucht die eine Räuberbande der anderen die Damen zu entführen?

Baumstammstaffel

Für diesen Staffellauf werden kleine Baumstämme ausgesucht, die sich gut über den Boden rollen lassen. Alle Räuberbanden stehen in einer langen Staffel hintereinander. Die ersten Räuber jeder Bande beginnen auf ein Startkommando ihren Baumstamm eine vorher festgelegte Strecke hin und zurück mit den Händen über den Waldboden zu rollen. Dann übernimmt der Zweite jeder Mannschaft den Baumstamm usw. Sobald alle Bandenmitglieder einer Mannschaft den Baumstamm gerollt haben, ist die Staffel beendet und die Siegermannschaft beim Baumstammrollen steht fest.

Räuberkegelbande

Man braucht:

- leere Plastikflaschen
- Zeitungspapier
- Klebstoff oder Kleister
- etwas Sand
- Farben und Pinsel
- Buntpapier, Wolle
- Stoffreste

Aus Zeitungspapier eine Kugel knüllen. Unten etwas Papier überstehen lassen. Das wird der Hals. In Streifen gerissenes Zeitungspapier dick mit Klebstoff bestreichen und um die Kugel kleben, bis ein fester Kopf entsteht. Sand in die Flaschen füllen, dann den Kopf in den Flaschenhals kleben. Die Figuren anmalen und nach dem Trocknen mit Wolle, Papier oder Stoff bekleben. Jede Figur bekommt eine Zahl auf den Bauch gepinselt. Dann werden die Räuber als Kegel aufgestellt und mit Bällen umgekegelt.

Die Autorinnen

Regina Bestle-Körfer studierte Sozialpädagogik und arbeitete in einer Frühförderstelle und danach in einer schulpsychologischen Beratungsstelle. Seit über fünfzehn Jahren ist sie als Autorin und Redakteurin tätig.

Sabine Lohf studierte an der Hochschule der Künste in Berlin und arbeitet als Fotografin, Autorin und Illustratorin für verschiedene Verlage und Zeitschriften. Inzwischen sind viele Bücher in verschiedenen Bereichen von ihr erschienen.

Annemarie Stollenwerk studierte Sozialpädagogik und war zunächst in der Heimerziehung und später im sozialen Brennpunkt tätig. Seit mehr als fünfzehn Jahren arbeitet sie als Autorin und Redakteurin.

© Christophorus im Verlag Herder
Freiburg im Breisgau 2005
www.christophorus-verlag.de

Alle Rechte vorbehalten – Printed in Germany

ISBN 3-419-53211-3

Dieses Buch ist urheberrechtlich geschützt. Jede gewerbliche Nutzung der Texte, Lieder, Abbildungen und Illustrationen, ein Nachdruck, auch auszugsweise, sowie die Verbreitung durch Fotokopien, Internet und elektronische Medien, durch Film, Funk und Fernsehen ist untersagt und wird zivil- und strafrechtlich verfolgt. Bei Anwendung im Unterricht und in Kursen ist auf dieses Buch hinzuweisen.

Lektorat: Martin Stiefenhofer

Umschlaggestaltung: Network!, München
Layoutentwurf: juhu media Susanne Dölz, Bad Vilbel
Gesamtproduktion: Sabine Lohf
amadeus prepress a. print, Langenhagen
Herstellung: Himmer, Augsburg 2005

Alle Bastelideen, Bastelanleitungen, Fotos und Illustrationen: Sabine Lohf

Geschichten, Gedichte, Spiele und Lieder von Annemarie Stollenwerk auf den Seiten: 8/9, 12-23, 28/29, 32-37, 46-49

Geschichten, Gedichte, Spiele und Lieder von Regina Bestle-Körfer auf den Seiten: 6/7, 10/11, 24-27, 30/31, 38-45, 50-57

In der Reihe Fantasiewerkstatt sind außerdem erschienen:

ISBN 3-419-53040-4

ISBN 3-419-53041-2

ISBN 3-419-53042-0

ISBN 3-419-53047-1

ISBN 3-419-53045-5

ISBN 3-419-53038-2

KAI